COMPRENDRE VOTRE

esprit et votre corps

L'obésité

Kit Caudron-Robinson

Explorez d'autres livres sur:
WWW.ENGAGEBOOKS.COM

VANCOUVER, B.C.

e → WWW.ENGAGEBOOKS.COM

L'obésité: Comprendre votre esprit et votre corps
Kit Caudron-Robinson 1996 –
Texte © 2024 Engage Books
Conception © 2024 Engage Books

Édité par: A.R. Roumanis, Ashley Lee,
Melody Sun, et Sarah Harvey
Conception par: Mandy Christiansen
Traduire: Amanda Yasvinski
Relectrice: Vicky Frost

Texte en Montserrat Regular.
Titres de chapitre définis dans Hobgoblin.

Ce livre ne se substitue pas aux conseils d'un professionnel de la santé ni ne constitue un outil de diagnostic. C'est un outil pédagogique pour aider les enfants à comprendre ce qu'eux-mêmes ou d'autres personnes vivent.

PREMIÈRE ÉDITION / PREMIER TIRAGE

Catalogage avant publication de Bibliothèque et Archives Canada

Titre: L'obésité / Kit Caudron-Robinson.
Autres titres: Obesity. Français
Noms: Caudron-Robinson, Kit, auteur.
Description: Mention de collection: Comprendre votre esprit et votre corps | Traduction de : Obesity.

Identifiants: Canadiana (livre imprimé) 20240378148 | Canadiana (livre numérique) 20240378172 | ISBN 978-1-77878-404-0 (couverture rigide)
ISBN 978-1-77878-405-7 (couverture souple)
ISBN 978-1-77878-407-1 (pdf)
ISBN 978-1-77878-406-4 (epub)

Vedettes-matière:
RVM: Obésité chez l'enfant—Ouvrages pour la jeunesse. | RVM: Obésité chez l'adolescent—Ouvrages pour la jeunesse. | RVM: Obésité—Ouvrages pour la jeunesse. | RVM: Obésité chez l'enfant—Traitement—Ouvrages pour la jeunesse. | RVM: Obésité chez l'adolescent—Traitement—Ouvrages pour la jeunesse. | RVM: Obésité—Traitement—Ouvrages pour la jeunesse. | RVMGF: Livres documentaires pour la jeunesse.

Classification: LCC RJ399.C6 C3814 2024 | CDD J618.92/398—DC23

Ce projet a été rendu possible en partie grâce au gouvernement du Canada.

Canada

Contenu

Qu'est-ce que l'obésité ?

L'obésité est une maladie **chronique**. Cela se produit lorsque quelqu'un a plus de graisse sur son corps que ce qui est sain. Tout le monde a un peu de graisse sur son corps, mais trop peut causer des problèmes de santé.

MOT-CLÉ

Chronique : quelque chose qui dure longtemps.

L'obésité cause plus de 4 millions de décès chaque année dans le monde.

Certaines personnes n'ont qu'un peu de graisse supplémentaire sur leur corps. C'est ce qu'on appelle être en surpoids. L'obésité signifie qu'une personne a beaucoup de graisse supplémentaire sur son corps.

Un médecin fera des tests pour déterminer si quelqu'un a un excès de graisse sur son corps.

Qu'est-ce qui cause l'obésité?

L'obésité peut être **génétique**. Les enfants dont les parents sont obèses sont plus susceptibles de développer une obésité. Certaines maladies et certains médicaments peuvent être responsables de l'obésité.

MOT-CLÉ

Génétique : caractéristiques transmises d'un membre de la famille à l'autre.

Ne pas faire suffisamment d'exercice ou ne pas manger sainement peut aussi mener à l'obésité. Certaines personnes peuvent avoir du mal à faire des exercices en plein air car elles n'ont pas assez d'espace vert à proximité. Certaines personnes ne peuvent pas trouver d'aliments sains là où elles vivent ou n'ont pas assez d'argent pour en acheter.

Les déserts alimentaires sont des endroits dans les villes où il est difficile de trouver de la nourriture fraîche.

Comment l'obésité affecte-t-elle votre cerveau ?

Le cortex préfrontal est la partie du cerveau utilisée pour la mémoire, la prise de décision et le contrôle des pensées et des émotions. Parfois, l'obésité peut rendre difficile le fonctionnement normal de cette zone. Les gens peuvent alors avoir des problèmes de réflexion, de mémoire ou de planification.

Cortex préfrontal

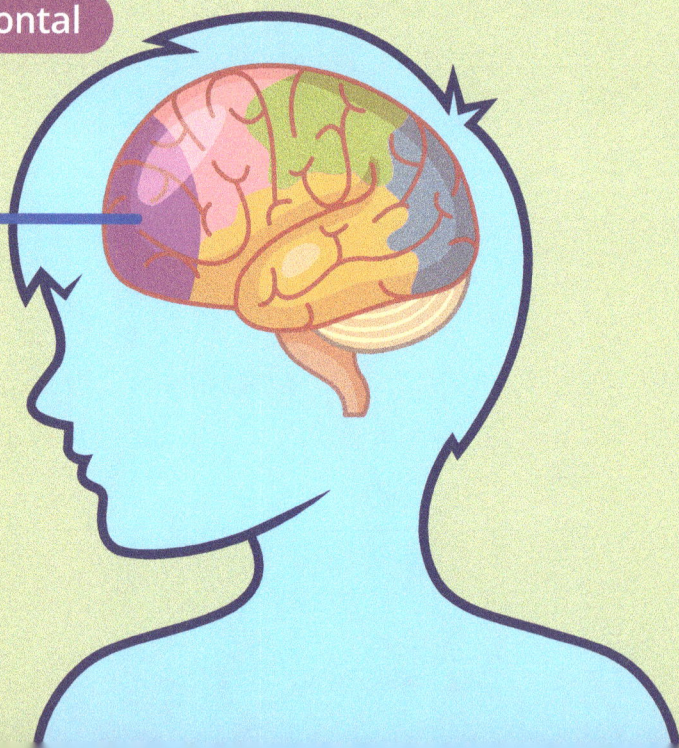

L'obésité affecte également la santé mentale. Cela peut causer de **l'anxiété**. Les gens peuvent avoir peur d'être jugés pour leur poids.

MOT-CLÉ

Anxiété : sentiments d'inquiétude et de peur difficiles à contrôler.

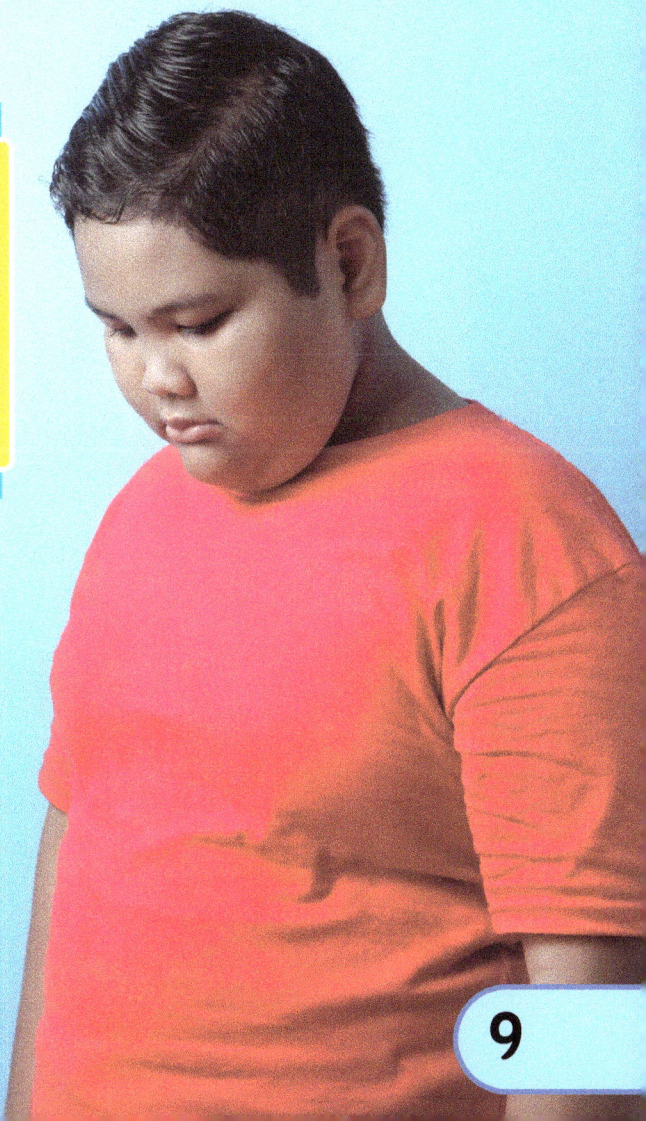

Comment l'obésité affecte-t-elle votre corps ?

Le poids supplémentaire peut être dur pour les os et les **articulations** des gens. Ils peuvent être endommagés. L'obésité peut également causer des problèmes respiratoires.

MOT-CLÉ

Articulations : endroits du corps où deux ou plusieurs os se rencontrent.

Certaines personnes obèses ont du mal à dormir.

L'obésité peut entraîner des problèmes de santé comme les maladies cardiaques, **le diabète** et certains cancers. L'obésité est la principale raison pour laquelle les gens contractent le diabète. Atteindre un poids santé peut réduire les risques d'avoir ces problèmes.

MOT-CLÉ

Le diabète : une maladie chronique qui affecte la quantité de sucre dans le sang d'une personne.

Qu'est-ce que le biais de poids ?

Le biais de poids signifie être méchant avec les gens en se basant sur des stéréotypes sur l'obésité. Les stéréotypes sont des croyances injustes ou fausses à propos d'une personne ou d'un groupe de personnes. Les stéréotypes sur l'obésité incluent la croyance que les personnes obèses sont paresseuses ou ne veulent pas changer.

Le surpoids ou l'obésité est la principale raison pour laquelle les enfants sont victimes d'intimidation.

Certains médecins ayant un biais de poids peuvent ne pas donner à une personne obèse les soins médicaux dont elle a besoin. Ils pensent que tous les problèmes d'une personne obèse sont dus à son poids. Parfois, ils ne croient pas qu'une personne en surpoids ou obèse puisse être en bonne santé.

Les personnes obèses évitent souvent de demander des soins médicaux en raison d'un biais de poids.

L'obésité peut-elle disparaître ?

Si l'obésité est causée par un problème génétique, elle peut être très difficile à gérer. Très peu de gens perdent du poids et le maintiennent. Le succès doit être mesuré en termes de santé et non de perte de poids.

Les médecins qui étudient l'obésité préfèrent utiliser le terme « gestion du poids » plutôt que « perte de poids ».

Les changements de **mode de vie** peuvent améliorer le bien-être de certaines personnes obèses. Manger des aliments sains comme des fruits et des légumes peut aider à donner de l'énergie à une personne et à la garder en bonne santé. L'exercice peut aussi le faire.

MOT-CLÉ

Mode de vie : la façon dont quelqu'un vit.

Parlez à un médecin si vous pensez être obèse. Ils peuvent vous aider à comprendre ce qui se passe dans votre corps.

Demander de l'aide

Demander de l'aide peut être effrayant, mais c'est une étape importante pour devenir en meilleure santé. Un médecin peut vous aider. Les amis et la famille peuvent vous **motiver**.

MOT-CLÉ

Motiver : donner à quelqu'un des raisons de travailler vers un objectif.

« Je pense que je suis peut-être obèse et j'aimerais en parler à un médecin. »

« J'aimerais manger plus sainement. Pouvez-vous m'aider à trouver des aliments sains à manger ? »

« Je dois être plus actif. Voulez-vous être mon copain d'exercice ? »

Comment aider les autres avec l'obésité

Vous ne pouvez pas réparer l'obésité de quelqu'un d'autre. Mais vous pouvez soutenir les changements qu'ils essaient d'apporter. Assurez-vous que votre ami sait qu'il est aimé pour ce qu'il est, et non pour son poids.

Soyez un compagnon d'exercice

Faites du sport ou allez nager ensemble. Parfois, l'exercice est plus amusant avec un ami.

Partagez des aliments sains

Demandez à un adulte de s'assurer qu'il y a des collations saines dans la maison si vous recevez la visite d'un ami. Vous pourriez même apprendre à faire une recette saine ensemble.

Les encourager

Encourager quelqu'un, c'est lui faire sentir qu'il peut atteindre son objectif. Faites savoir à votre ami que vous croyez en lui. Célébrez avec eux lorsqu'ils atteignent de petits objectifs.

L'histoire de l'obésité

L'obésité existe depuis très longtemps. Des scientifiques ont découvert des statues de femmes obèses réalisées il y a plus de 20 000 ans. La plus populaire s'appelle la Vénus de Willendorf. Certaines personnes croient que ces statues montrent que l'obésité était **valorisée** à cette époque.

MOT-CLÉ

Valorisé : considéré comme important.

Dans la Grèce antique et à Rome, les médecins pensaient que manger de plus petites quantités pouvait aider à l'obésité. Ils pensaient également que l'obésité pouvait être soulagée en se promenant le matin et en courant le soir. Certains médecins pensaient que les bains chauds pouvaient aider.

De nombreux faux remèdes contre l'obésité ont été vendus dans les années 1800. Ceux-ci comprenaient des vêtements en caoutchouc et des crèmes que les gens pouvaient frotter sur leur corps. Certaines personnes pensaient que se baigner dans de l'eau froide pouvait guérir l'obésité.

Les super-héros de l'obésité

Certaines personnes n'aiment pas parler de leur poids. D'autres aiment. Voici quelques super-héros de l'obésité qui se sont confiés sur leur poids et leur santé.

John Goodman pesait près de 400 livres en 2007. L'acteur a appris qu'il allait souffrir de diabète. Il a commencé à manger sainement et à faire de l'exercice six jours par semaine. En 2021, il avait perdu 200 livres.

Manger des quantités plus saines de nourriture est une grande partie du plan de régime de Goodman.

L'acteur **Arjun Kapoor** lutte contre l'obésité depuis son enfance. Il a perdu beaucoup de poids et travaille dur pour rester en bonne santé. Il pense que se promener est l'une des meilleures choses que les gens puissent faire pour leur santé.

Mo'Nique est une actrice et comédienne qui lutte contre son poids depuis des années. Elle a commencé à faire de l'exercice et à manger différemment et se sent en meilleure santé dans son corps. Elle sait que sa taille n'a pas d'importance, mais sa santé est importante.

Astuce 1 pour l'obésité 1 : Manger sainement

Essayez de manger beaucoup de fruits et de légumes. Ces aliments contiennent beaucoup de **nutriments** sains. Choisissez des grains entiers pour vous aider à vous sentir rassasié plus rapidement afin de finir par manger moins. Le riz brun et le quinoa sont d'excellents choix.

MOT-CLÉ

Nutriments : substances présentes dans les aliments qui aident les personnes, les animaux et les plantes à vivre et à grandir.

Mangez beaucoup de **protéines**. Le poulet, le poisson, les haricots et les noix vous aideront à vous sentir rassasié. Mangez de petits repas tout au long de la journée. Cela aide à maintenir votre niveau d'énergie toute la journée.

MOT-CLÉ

Protéine : une substance présente dans les plantes et les animaux qui aide à garder les muscles et d'autres parties du corps en bonne santé.

Essayez d'ajouter du citron ou des baies à l'eau au lieu d'avoir des boissons sucrées.

Astuce 2 pour l'obésité : Faire de l'exercice

Choisissez des activités qui vous plaisent. Commencer petit. Il est normal de commencer avec seulement quelques minutes par jour. La musculation aide à booster votre **métabolisme**.

MOT-CLÉ

Métabolisme : la façon dont notre corps transforme les aliments en énergie.

Gardez vos entraînements intéressants. Essayez quelque chose que vous n'avez jamais fait auparavant. N'oubliez pas d'écouter votre corps. Faites des pauses quand vous en avez besoin.

N'oubliez pas de boire beaucoup d'eau!

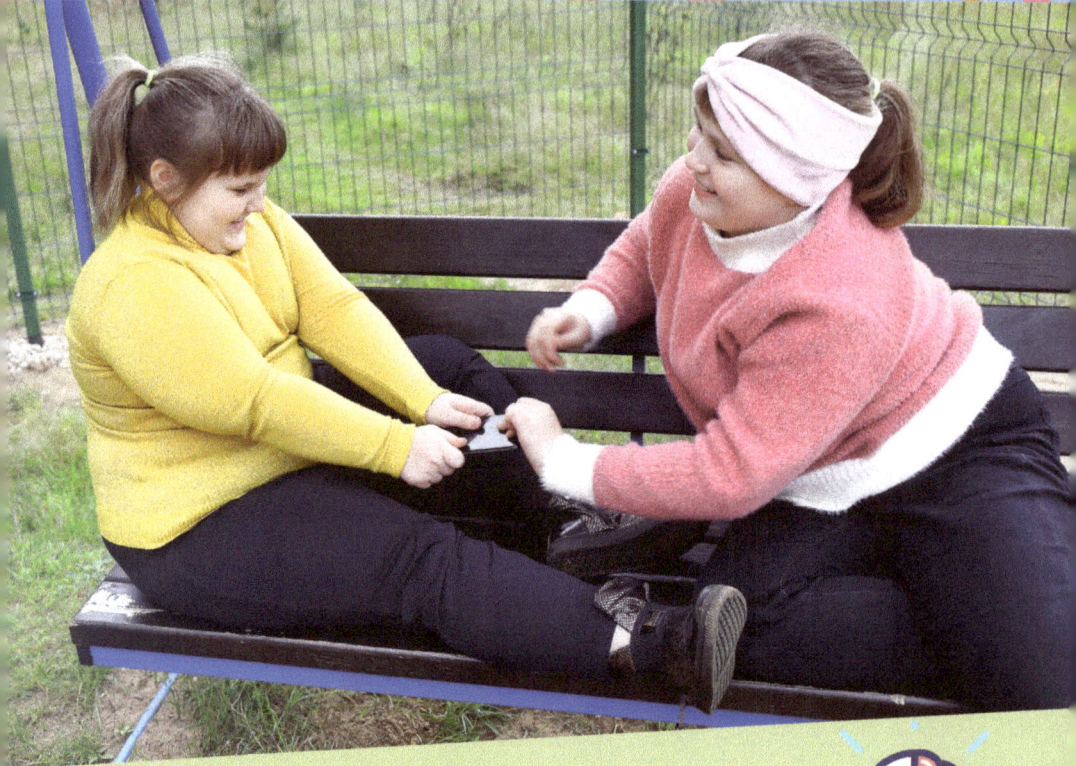

Astuce 3 pour l'obésité : Se connecter avec les autres

Se connecter avec d'autres personnes obèses peut être utile. Elles peuvent offrir leur soutien. Les communautés en ligne peuvent vous donner des astuces et des conseils.

Trouvez un compagnon d'entraînement.
Avoir un ami à côté de vous sera d'une
grande aide. Parlez à votre médecin du
soutien dans votre communauté.

Quiz

Testez vos connaissances sur l'obésité en répondant aux questions suivantes. Les questions sont basées sur ce que vous avez lu dans ce livre. Les réponses se trouvent au bas de la page suivante.

1 Combien de décès sont causés par l'obésité chaque année ?

2 Que sont les déserts alimentaires ?

3 L'obésité affecte-t-elle la santé mentale?

4 Quelle est la principale raison pour laquelle les gens contractent le diabète ?

5 Que signifie le biais de poids ?

6 Quel terme les médecins qui étudient l'obésité préfèrent-ils utiliser plutôt que « perte de poids »?

Découvrez d'autres lecteurs de niveau 3.

ENGAGER LES LECTEURS
NIVEAU 3

L'anxiété
Melody Sun & J Smith

ENGAGER LES LECTEURS
NIVEAU 3

L'asthme
Sarah Harvey

ENGAGER LES LECTEURS
NIVEAU 3

L'autisme
AJ Knight

ENGAGER LES LECTEURS
NIVEAU 3

L'image corporelle
Ashley Lee & J Smith

ENGAGER LES LECTEURS
NIVEAU 3

L'obésité
Kit Caudron-Robinson

ENGAGER LES LECTEURS
NIVEAU 3

La dyslexie
Alexis Roumanis

ENGAGER LES LECTEURS
NIVEAU 3

La perte de vision
Hannalora Leavitt & Sarah Harvey

ENGAGER LES LECTEURS
NIVEAU 3

Le diabete
Kit Caudron-Robinson

ENGAGER LES LECTEURS
NIVEAU 3

Perte auditive
AJ Knight

Visite www.engagebooks.com/readers

Réponses: 1. Plus de 4 millions 2. Endroits dans les villes où il est difficile de trouver de la nourriture fraîche 3. Oui 4. l'obésité 5. Être méchant avec les gens en se basant sur les stéréotypes de l'obésité 6. La gestion du poids

www.ingramcontent.com/pod-product-compliance
Lightning Source LLC
Chambersburg PA
CBHW051237020426

42331CB00016B/3422